Discipline Ecclesiastique

Mandemens de Mgr le Cardinal de Retz
Archev. de Paris. =

1655 – 1682

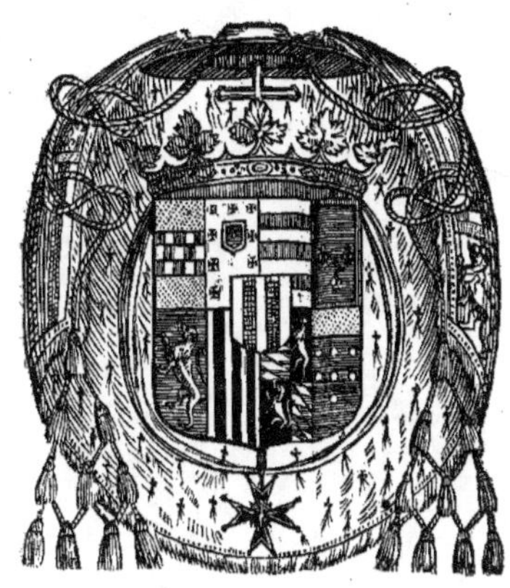

MANDEMENT

DE MONSEIGNEUR L'ARCHEVESQUE.

FRANÇOIS, par la grace de Dieu & du faint Siege Apoftolique Archevefque de Paris, Duc & Pair de France, Commandeur des Ordres du Roy, Provifeur de Sorbonne. SA MAJESTE' ayant jugé à propos d'éloigner de Paris les fieurs Boucher Curé de la Paroiffe de faint Nicolas du Chardonnet, commis par Nous à l'examen des Confeffeurs de noftre Diocefe, & Chamillard Oeconome de noftre Seminaire de faint Nicolas ; Nous nous trouvons d'autant plus obligez de pourvoir à ces Emplois avec choix & diligence, qu'il s'agit de la direction fpirituelle d'un peuple confiderable, de la difcipline d'une Communauté établie pour former les mœurs des jeunes Ecclefiaftiques, & de la miffion des Preftres aufquels Nous confions la conduite des ames. A CES CAUSES, eftans informez du merite du fieur Cocquelin Preftre, Docteur de la Maifon & Societé de Sorbonne, Chancelier de noftre Eglife & de l'Univerfité de Paris, dont la capacité & l'experience ont paru depuis plufieurs années, tant dans l'adminiftration d'une des principales Cures de cette Ville, que dans l'exercice dudit office de Chancelier; Nous l'avons commis & commettons par ces prefentes pour faire les fonctions de Curé de ladite Paroiffe, & d'Oeconome dudit Seminaire, au lieu & place defdits fieurs Boucher & Chamillard, & pendant leur abfence feulement. Ordonnons tant aux Paroiffiens dudit faint Nicolas, qu'à tous les Ecclefiaftiques dudit Seminaire, de le reconnoître en qualité de prepofé par Nous aufdites fonctions. Nous declarons encore que tous les Lundis & les Vendredis de l'année à deux heures aprés midy, Nous tiendrons dans la Chapelle de noftre Palais Archiepifcopal, une affemblée compofée de perfonnes que Nous choifirons, & à laquelle ledit fieur Cocquelin prefidera en noftre abfence, pour l'examen des Curez, Vicaires, Confeffeurs, & Predicateurs qui fe prefenteront pour eftre admis en noftre Diocefe ; laquelle affemblée Nous tiendrons pour la premiere fois le Lundy 6. Juillet. Et à l'égard de la Conference pour les cas de confcience, Nous ordonnons que ledit fieur Cocquelin, ou en fon abfence celuy qui fera prepofé par Nous, la tiendra tous les Lundis en ladite Chapelle de noftre Archevefché, à l'heure ordinaire qu'elle fe faifoit audit Seminaire. Et afin que les Ecclefiaftiques de noftre Diocefe en foient deuëment avertis, Nous voulons que cette Ordonnance foit envoyée dans toutes les Paroiffes, à la diligence des Archipreftres de fainte Marie Magdeleine & de faint Severin, & de nos Doyens Ruraux en la maniere ordinaire. Donné à Paris en noftre Palais Archiepifcopal le 28. Juin 1682. Signé, *FRANÇOIS, Archevefque de Paris.* Et plus bas,

Par Monfeigneur,

A PARIS,

Chez François Muguet, Imprimeur du Roy & de M. l'Archevefque, ruë de la Harpe.

M D C L X X X I I.

Avec Privilege de fa Majefté.

Meffieurs les Curez, & Superieurs des Eglifes auront foin d'envoyer Lundy prochain les perfonnes dont les approbations ont befoin d'eftre renouvellées.

MANDEMENT

DE MESSIEVRS LES VICAIRES GENERAVX
de Monseigneur l'Eminentissime Cardinal DE RETZ Archeuesque de Paris.

Pour l'vniformité en l'Office diuin & aux Ceremonies dans toutes les Eglises du Diocese de Paris.

LES VICAIRES GENERAVX DE MONSEIGNEVR L'EMINENTISSIME ET Reuerendissime Pere en Dieu Messire IEAN FRANCOIS PAVL DE GONDY Cardinal de Rets Archeuesque de Paris: Aux Archiprestres de Ste Marie Magdelaine & de S. Seuerin, Salut en nostre Seigneur. Quoy que la Foy soit vne en toute l'Eglise Catholique, neanmoins ses Ceremonies & ses coustumes sont differentes selon la diuersité des lieux, & elle souffre volótiers que toutes les choses qui ne sont point contraires à la Foy ny aux bonnes mœurs, soient gardées & obseruées en chacune des Eglises particulieres qui la cóposent. Saint Augustin en a fait vne regle dans l'Epistre 119. à Ianuarius; & le grand S. Gregoire Pape respondant au premier Euesque d'Angleterre qu'il auoit enuoyé pour y prescher & annoncer l'Euangile, l'asseure qu'il a bien agreable que s'il a trouué quelque chose en l'Eglise Romaine, en celle de France, ou en quelque autre, qui puisse dauátage plaire à Dieu, il le pratique soigneusement. Et le mesme S. Gregoire dit ailleurs que la diuersité des coustumes de la sainte Eglise ne fait aucun prejudice à l'vnité de sa foy. Le saint Concile de Trente suiuant ces maximes a conserué les vsages & loüables coustumes de chacune Eglise & Prouince. Et le Pape Pie V. d'heureuse memoire, Ordonnant à diuerses Eglises de suiure le Breuiaire Romain, par sa Bulle donnée à Rome le 7. des Ides de Iuillet 1568. excepte neanmoins celles qui dés leur premiere institution approuuée du S. Siege, ou par vne coustume de plus de deux cent ans, auroient vsé d'autres Breuiaires. C'est dans ces sentimens qu'estant bien informez qu'en plusieurs Eglises de cette ville, Faux-bourgs & Diocese de Paris, en celebrant la sainte Messe, les Heures Canoniales & autre seruice diuin, on ne gardoit pas l'vniformité qui est requise selon l'vsage receu en ce Diocese, non seulement depuis plus de deux cent ans, mais dés sa premiere institution, & que chacun faisoit des Ceremonies à sa mode, & introduisoit des coustumes nouuelles selon son esprit particulier, au prejudice de l'vsage ancien, & contre les Statuts de ce Diocese : Desirans y remedier, & apporter vn ordre conuenable, Nous auons fait r'imprimer les Messels, Breuiaires, Diurnaux, Rituels, Pseautiers, Antiphoniers, Graduels, Processionnaires, & autres Liures d'Eglise à l'vsage de Paris, par les Sieurs Cramoisy & Clopéjau Marcháds Libraires en l'Vniuersité de Paris, & aussi nous auons approuué & permis l'impression d'vn Ceremonial composé par Maistre Martin Sonnet Prêtre Beneficier en l'Eglise de Paris, pour les Eglises Collegiales, Paroissiales & autres de cette ville, Faux-bourgs & Diocese, par le moyen desquels liures, & en se seruant du Bref ou Ordre de reciter l'Office diuin qui s'imprime par chacun an, pour la commodité de ceux qui sont obligez à le reciter, il sera facile de garder l'vniformité, selon l'vsage & les Ceremonies de l'Eglise de Paris, à laquelle toutes les autres du Diocese se doiuent conformer. A CES CAVSES, & qu'à present l'impression desdits Liures est acheuée, Nous auons enjoint & ordonné, enjoignons & Ordonnons à tous Doyens, Chapitres, Abbez, Prieurs, Conuents, Curez, Vicaires, Superieurs & Superieures des Eglises, Communautez Seculieres & Regulieres, Seminaires, Colleges, Hospitaux, Chapelles, & autres lieux pieux ; Comme aussi à tous Beneficiers, Prêtres, Clercs, & Marguilliers desdites Eglises de cette ville, Faux-bourgs & Diocese de Paris, qu'ils ayent chacun selon leur besoin à achepter lesdits Liures à l'vsage de Paris, & s'en seruir en la celebration de la sainte Messe, Heures Canoniales, & autre Office diuin, & de lire, d'apprendre & obseruer exactement les rubriques contenuës esdits liures, tant pour la maniere de reciter ledit Office, que pour bien chanter & faire les Ceremonies, vsant aussi d'Ornemés des couleurs requises, selon la difference des Dimanches, Festes & Feries prescrites par lesdites Rubriques, & ledit Ceremonial : Enjoignons aussi à tous Sacristains, Clercs des Fabriques & autres Officiers desdites Eglises & Cómunautez, de fournir les Ornemens necessaires, & des couleurs conuenables à la solemnité desdites Festes & autres iours, selon l'vsage de Paris, & d'estre soigneux de s'acquitter du deuoir de leur charge dans lesdites Eglises. SI VOVS MANDONS de signifier ces Presentes à tous lesdits Doyens, Chapitres, Abbez, Prieurs, Conuents, Curez, Vicaires, Prêtres & autres cy-dessus nommez, à ce qu'ils ayent à les publier en leurs Prosnes, y satisfaire incessamment, & tenir la main à l'execution d'icelles, lesquelles seront affichées dans les Sacristies de leurs Eglises, & ailleurs où besoin sera. DONNE' à Paris sous le seau des armes de mondit Seigneur l'Archeuesque, le Mercredy vnziéme iour de Ianuier mille six cent soixante-deux. *Ainsi signé,* DE CONTES & DE HODENCQ.

MANDEMENT

DE MESSIEVRS LES VICAIRES GENERAVX
de Monseigneur le Cardinal de Rets, Archeuesque de Paris,

Pour ceux qui desirent estre promeus aux Saints Ordres.

IEAN BAPTISTE DE CONTES, Prestre, Docteur és Droicts, Doyen de l'Eglise Metropolitaine de Paris, Conseiller ordinaire du Roy en ses Conseils d'Estat & Priué: & ALEXANDRE DE HODENCQ, aussi Prestre, Docteur en Theologie de la Societé de Sorbonne, Curé & Archiprestre de S. Séuerin, Conseiller du Roy en sesdits Conseils, Vicaires Generaux de Monseigneur Messire IEAN FRANCOIS PAVL DE GONDY Cardinal de Rets, Archeuesque de Paris; A l'Archiprestre de sainte Marie Magdeleine, & aux Doyens ruraux du Diocese de Paris, Salut en nostre Seigneur. Estant besoin de pouruoir à ce qu'aucuns de ceux qui aspirent d'estre promeus aux Ordres sacrés soient instruicts & informez de ce qu'ils ont à faire pour y paruenir, Nous auons suiuant l'vsage & les anciens Reglemens de ce Diocese, ordonné ce qui ensuit.

I. Ceux qui se presenteront à l'examen de l'Ordination, seront tous en habit décent, vestus de Soutanes, auront les cheueux courts & également coupez; auec la Couronne bien faite, selon l'Ordre que l'on aura receu.

II. Ils apporteront leurs tiltres en bonne forme, que s'il est patrimonial, il sera de Cent cinquante liures de reuenu annuel, & si c'est vne donation entre-vifs, il sera insinüé dans les quatre mois du jour de la donation au Greffe Royal du lieu, selon l'ordonnance où les choses données sont situées, pour seruir de tiltre lequel sera aussi leu, & publié au Prosne de la grande Messe vne fois seulement, afin que l'on certifie qu'il n'y a aucune hypoteque: puis sera presenté à l'Ordinaire pour estre approuué. Que si c'est d'vn fonds duquel on soit desja joüissant, il suffira d'en faire vn acte pardeuant deux Notaires, specifiant les choses & les affectant pour le tiltre, sans estre obligé à l'insinuation, la mesme chose se fera si c'est vne pension viagere.

III. Que si le tiltre est vn Benefice, on en fera voir les prouisions, le *Visa* & la prise de possession, auec vn certificat qu'on en est paisible possesseur, signé par personnes dignes de foy, qui soient connus de ceux qui sont par Nous commis pour examiner les susdits tiltres.

IV. Si quelqu'vn se presente qui ne soit pas de ce Diocese, afin d'y receuoir les Ordres sacrés il sera obligé de montrer son tiltre vn mois auparauant, quoy qu'il eust desja receu les Ordres en quelques autres Dioceses, afin d'estre examiné pour connoistre s'il est selon & conforme à nostre presente Ordonnance. Que si l'Ordinaire auoit retenu le tiltre, il apportera au moins vne copie deuëment signée par le Secretaire dudit Ordinaire.

V. On fera voir aussi aux Examinateurs les lettres d'Ordres, si on en a déja receu, signées du Secretaire & seellées, l'extraict Baptistaire qui fasse foy qu'on est legitime, & bien attesté par le Curé ou Vicaire de la Parroisse.

VI. On fera voir aussi l'attestation de vie & mœurs signé du Curé ou du Vicaire de la Parroisse, ou quelque autre personne digne de foy & qui soit connu des Examinateurs, & ne sera receuë si elle est plus vieille que de deux mois.

VII. Semblablement on montrera certificat d'auoir exercé les fonctions du dernier Ordre receu, comme aussi celuy de la publication des bans par trois diuerses fois pour chaque Ordre, és jours des Dimanches ou Festes, tant ceux de ce Diocese que ceux des autres, qui se publieront dans les Parroisses où ils resident actuellement; toutes lesquelles attestations & certificats donnez à chaque fois qu'on se presentera, seront retenus par les Examinateurs.

VIII. Ceux qui sont d'vn autre Diocese, outre les choses cy-dessus, apporteront les Dimissoires de leur Euesque aux Examinateurs & autres papiers necessaires deuëment expediés, quoy qu'ils eussent déja esté veus au premier examen.

IX. Ceux qui auront esté examinez pour vne ordination, & n'auront pas esté aux exercices, ny esté ordonnez, ne se pourront seruir de leurs billets, mais apporteront vne attestation nouuelle, & prendront vn nouueau billet des Examinateurs.

X. Ceux qui auront esté admis en vertu du billet faisant mention de leurs tiltres receuront vn billet des Examinateurs qui sera signé de ceux qui les auront examinés.

XI. Ceux qui seront dans le dessein de receuoir la Tonsure, ne pourront estre admis pour les quatre Ordres mineurs, & se contenteront d'assister aux instructions qui se font durant huict jours à S. Nicolas du Chardonnet, pour se preparer à la receuoir.

XII. Ceux qui dans le temps d'vne Ordination seront admis pour les quatre Ordres mineurs, ne pourront estre admis pour le Soudiaconat au mesme temps.

XIII. Le jour de l'examen sera pour l'ordinaire le Mardy de la semaine qui precede celle des Quatre-temps, depuis huict heures du matin jusques à midy, & depuis deux heures jusques à cinq, excepté l'examen qui se faic pour l'Ordination de la premiere semaine de Caresme qui sera auancé d'vn jour, & se fera le Lundy.

XIV. Chacun sera soigneux de se presenter ausdits jours & heures, parce qu'apres cinq heures on finit l'examen, lequel finy personne n'y sera plus receu à d'autres jours.

Ordre à obseruer pour les Reguliers.

I. Les Religieux Mandians se presenteront audit examen le Mercredy de la semaine qui precede les Quatre-temps depuis huict heures du matin jusques à midy (excepté le jour des Cendres, que l'examen sera remis au lendemain Ieudy) & depuis deux heures de releuée jusques à cinq, & les Religieux non Mandians se presenteront le mesme jour de Mercredy, depuis deux heures jusques à cinq heures de releuée.

II. Tous les vns & les autres apporteront leur extraict baptistaire, leurs lettres d'Ordres s'ils en ont desja receu, comme aussi leurs Obediences en bonne forme, & attestations comme ils ont fait les fonctions de leurs derniers Ordres en leur maison, & seront exacts à se trouuer aux jours & heures susdites, parce que l'on n'y sera plus receu hors dudit temps.

SI VOVS MANDONS de signifier ces presentes à tous Doyens, Chapitres, Abbez, Prieurs, Communautez, Curez & Vicaires des Eglises & Parroisses de cette ville, Faux-bourgs & Diocese de Paris, à ce qu'ils ayent chacun respectiuement à tenir la main à l'execution d'icelles; Lesquelles en outre nous ordonnons estre affichées aux portes des Eglises, dans les Sacristies, & par tout ailleurs où besoin sera, à ce que personne n'en pretende cause d'ignorance. DONNÉ à Paris sous le sceau des Armes de mondit Seigneur le Cardinal, de Rets Archeuesque de Paris, le vingt-troisiéme Iuillet mille six cent cinquante-neuf. *Signé*, DE CONTES, & DE HODENCQ.

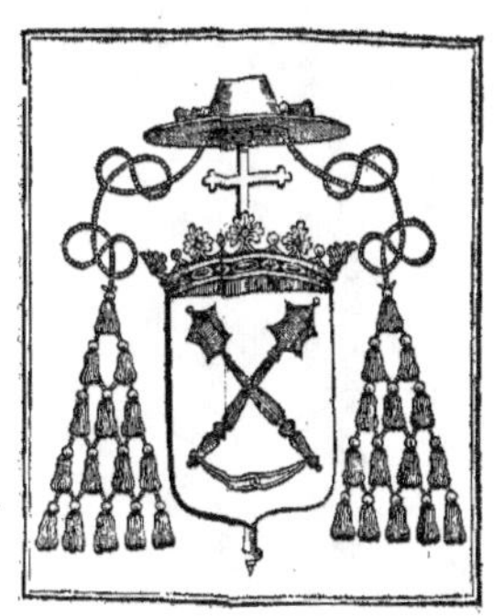

MANDEMENT
DE MESSIEVRS LES VICAIRES GENERAVX
de Monseigneur le Cardinal de Rets, Archeuesque de Paris.

Pour les Predicateurs.

IEAN BAPTISTE DE CONTES Prestre, Docteur és droicts, Doyen de l'Eglise Metropolitaine de Paris, Conseiller ordinaire du Roy en ses Conseils d'Estat & Priué, Et ALEXANDRE DE HODENCQ aussi Prestre, Docteur en Theologie de la Société de Sorbonne, Curé & Archiprestre de S. Seuerin, Conseiller du Roy en lesdits Conseils, Vicaires generaux de Monseigneur Messire IEAN FRANCOIS PAVL DE GONDY Cardinal de Rets, Archeuesque de Paris, à l'Archiprestre de sainte Marie Magdelaine & aux Doyens Ruraux du Diocese de Paris. SALVT en nostre Seigneur. Comme la predication de l'Euangile est tres-necessaire à l'Eglise de Dieu, & est vn des principaux deuoirs de Messieurs les Euesques qui sont obligez de s'en acquitter par eux-mesmes, s'ils ne sont legitimement empeschez; auquel cas ils doiuent substituer d'autres personnes capables pour le faire dignement, sans qu'aucun Seculier ou Regulier puisse entreprendre cét office sans leur permission, suiuant la disposition des Constitutions Ecclesiastiques. Aussi est-il tres-important pour la gloire de Dieu que cét office soit administré auec vne autorité legitime & dans toute la bien-seance requise en vn ministere si auguste; Et d'autant que nous sommes bien informez que plusieurs tant Seculiers que Reguliers s'ingerent de prescher dans les Eglises de cette Ville & Diocese de Paris sans la permission de mondit Seigneur l'Archeuesque, ou de Nous en son absence, & aussi qu'il y en a lesquels sans estre promeus aux Ordres sacrez, vsurpent cette sainte fonction, & d'autres qu'on voit ordinairement par les ruës & dans les compagnies en habits courts, & de couleurs non conuenables à des Ecclesiastiques, qui ne laissent pas d'entreprendre de prescher la parole de Dieu dans les Chaires des Eglises, auec des grands cheueux & perruques, des manchettes plissées, & autres accommodemens contraires à la modestie & bien seance requise en vn employ si saint & si venerable; Ce qui au lieu d'édifier le peuple qui les écoute, le scandalise grandement, & expose la predication de l'Euangile au mépris. A CES CAVSES, Desirans de pouruoir à tels desordres, & les faire cesser, Nous auons de l'autorité de mondit Seigneur l'Archeuesque fait & faisons tres-expresses inhibitions & deffenses sous peine de suspension *à diuinis ipso facto*, à tous Prestres Seculiers ou Reguliers & autres Ecclesiastiques de quelque qualité & condition qu'ils soient, de prescher la parole de Dieu dans aucune Eglise de cette Ville & Diocese sans la permission par escrit de mondit Seigneur l'Archeuesque, & à tous Curez, Vicaires, Superieurs & Superieures desdites Eglises & des Monasteres de les y receuoir sans laditepermission, sous la mesme peine; & pareillement d'y receuoir ceux qui ne seront dans vn habit decent, les cheueux courts & également coupez, & promeus aux Ordres sacrez, des lettres desquels ils leur feront apparoir auparauant qu'ils puissent prescher. Reuoquant toutes permissions qui pourroient auoir esté cy-deuant données par écrit ou autrement à ceux qui ne sont promeus ausdits Ordres. SI VOVS MANDONS de signifier ces presentes à tous Doyens, Chapitres, Abbez, Prieurs, Communautez, Curez & Vicaires des Eglises & Parroisses de cette Ville, Faux-bourgs, & Diocese de Paris, à ce qu'ils ayent chacun respectiuement à les obseruer, & tenir la main à l'execution d'icelles; Lesquelles en outre Nous ordonnons estre affichées aux portes des Eglises, dans les Sacristies & par tout ailleurs où besoin sera, à ce que personne n'en pretende cause d'ignorance. DONNE à Paris sous le Sceau des Armes de mondit Seigneur le Cardinal de Rets, Archeuesque de Paris, le trentiéme jour de Iuillet, mille six cent cinquante-neuf. *Signé*, DE CONTES, & DE HODENCQ.

MANDEMENT

DE MONSEIGNEVR L'ARCHEVESQVE DE PARIS,

Contre les Femmes qui font perir leurs Fruits.

ARDOÜIN DE PEREFIXE par la grace de Dieu & du faint Siege Apoftolique Archevefque de Paris, Aux Archipreftres de Sainte Marie Magdeleine & de Saint Severin, Salut en noftre Seigneur. C'eft une fuite ordinaire du crime de fe cacher & fe defendre par d'autres crimes. L'experience nous le fait voir dans ces femmes mal-heureufes, qui fe laiffent aller au vice de l'impudicité, au defordre & à la débauche, lefquelles le plus fouvent croyent ne pouvoir couvrir la honte de leurs déreglemens, que par leur parricide, & qui pour conferver devant les hommes un honneur qu'elles ont perdu devant Dieu, fe font une neceffité de détruire des creatures innocentes, que Dieu a faites à fon image & reffemblance, de perdre des Ames qu'il a rachetées de fon Sang, & d'eftre meurtrieres de leurs Enfans, prefqu'avant que d'en eftre Meres. Et parce que la feverité des Loix divines & humaines qui ont ordonné les plus grands châti-mens pour la punition de ce peché n'a pû jufqu'icy reprimer entierement cette fureur qui produit de temps en temps des monftres de cruau-té, nous avons lieu de craindre, ou que les peuples ignorent l'enormité de ce crime & la rigueur defdites Loix, ou que les coupables trouvent trop d'Indulgence dans les Tribunaux de la Penitence, ou qu'ils fe flatent trop facilement d'une fauffe efperance d'impunité. C'eft pour cela que nous avons crû qu'il eftoit important de renouveller les anciennes Ordonnances & Statuts de ce Diocefe, pour faire comprendre par la grandeur des peines, quelle horreur on doit avoir de ce crime, & que quand mefme on le pourroit dérober à la connoiffance des hom-mes, il ne pourroit éviter les foudres de l'Eglife, ny la colere de Dieu qui le punit terriblement dans l'Eternité, s'il n'eft effacé par une grande & fincere penitence. A CES CAUSES, Nous defendons à tous Curez, Vicaires & autres Preftres, tant Seculiers que Regu-liers, quelque pouvoir qu'ils pretendent avoir, s'ils n'ont de Nous la permiffion d'abfoudre des cas refervez, de donner l'abfolution à toutes femmes ou filles qui par remedes, ou par autres moyens illicites, auront fait perir ou tenté actuellement de faire perir leur fruit animé ou non, quand mefme l'effet ne s'en feroit pas enfuivy, ce que Nous voulons eftre femblablement obfervé à l'égard de toutes perfonnes qui fciemment auront donné ou ordonné lefdits remedes & moyens. Et s'il y a des Meres affez dénaturées pour tremper leurs mains dans le fang de leurs Enfans déja nez, de les étouffer, ou de les faire perir de quelqu'autre maniere que ce foit, Nous ordonnons qu'elles encourent la peine d'Excommunication, & nous refervons à Nous feulement, nos Vicaires Generaux, & Penitenciers de noftre Eglife le pouvoir d'abfoudre, tant du meurtre & parricide defdits Enfans, que de l'Excommunication encouruë pour iceluy. Mais parce que ces Ames endurcies, qui méprifent les Loix de la Nature, méprifent auffi le plus fouvent celles de l'Eglife, & mettent facilement en oubly celles de nos Roys tres-Chreftiens, qui par la terreur des fupplices pourroient reprimer leur libertinage. Nous ordon-nons qu'au Prône des Meffes de Paroiffe, en fuite de ce prefent Mandement, il fera fait lecture de l'Ordonnance de Henry II. cy-aprés inferée, afin que perfonne n'en ignore. SI VOUS MANDONS que ces prefentes vous ayez à fignifier à tous Doyens, Abbez, Prieurs, Curez, Vicaires & autres Superieurs de Communautez Seculieres & Regulieres, afin qu'ils tiennent la main à l'execution d'icelles, tant pour la publication que Nous ordonnons en eftre faite à leurs Prônes, que pour y avoir égard dans les Confeffions. DONNÉ à Paris fous le Sceau de nos Armes ce dixiéme Mars mil fix cens foixante-fix. Signé, HARDOÜIN Archevefque de Paris; *Et plus bas*, Par le commandement de mondit Seigneur,

ORDONNANCE DE HENRY II.

Du mois de Février de l'an 1556. des Femmes qui ont celé leur groffeffe, & fait mourir leurs Enfans nez, par moyens deshonneftes.

HENRY, &c. Comme nos Predeceffeurs & Progeniteurs tres-Chreftims Roys de France ayent par actes vertueux & Catholiques, chacun en droit foy, montré par leurs tres-loüables effets, qu'à droit & bonne raifon ledit Nom de tres-Chreftien, comme à eux propre & peculier leur auroit efté attribué, en quoy les voulans imiter & fuivre; & ayans par plufieurs bons & falutaires exemples témoigné la devotion qu'avons à con-ferver ce tant celefte & excellent titre, duquel les principaux effets font de faire initier les creatures que Dieu envoye fur terre en noftre Royau-me, Païs, Terres & Seigneuries de noftre obeïffance aux Sacremens par luy ordonnez, & quand il luy plaift les rappeller à foy, leur procurer curieufement les autres Sacremens pour ce inftituez, avec les derniers honneurs de fepulture, & eftans deuëment advertis, d'un crime tres-enorme & execrable, frequent en noftre Royaume, qui eft que plufieurs Femmes ayans conceu Enfans par moyens deshonneftes, ou autrement perfuadées par mauvais vouloir & confeil, déguifent, occultent & cachent leurs groffeffes fans en rien découvrir & declarer; & advenant le temps de leur part & délivrance de leur fruit, occulte-ment s'en délivrent, puis le fuffoquent, meurtriffent & autrement fuppriment, fans leur avoir fait impartir le faint Sacrement de Baptefme; ce fait, les jet-tent en lieux fecrets & immondes, ou enfoüiffent en terre prophane, les privans par le moyen de la fepulture coûtumiere des Chreftiens, dequoy eftans prevenuës & accufées pardevant nos Iuges, s'excufent, difans avoir eu honte de declarer leur vice, & que leurs Enfans font fortis de leurs ventres morts & fans aucune apparance ou efperance de vie; tellement que par faute d'autres preuves, les Gens tenans tant nos Cours de Parlement, qu'autres nos Iuges, voulans proceder au Iugement des procez criminels faits à l'encontre de telles Femmes font tombez & entrez en diverfes opinions, les uns concluans au fupplice de mort, les autres à queftion ordinaire, afin de fçavoir & entendre par leur bouche fi à la verité le fruit iffu de leur ventre eftoit mort ou vif; aprés laquelle queftion endurée, pour n'avoir aucune chofe voulu confeffer, leur font les prifons le plus fouvent ouvertes, qui a efté & eft caufe de les faire retom-ber, recidiver & commettre tels & femblables delits à noftre tres grand regret & fcandale de nos Sujets; à quoy pour l'avenir nous avons bien voulu prevoir.

SÇAVOIR FAISONS, Que Nous, defirans extirper & du tout faire ceffer lefdits execrables & enormes crimes, vices, iniquitez & delits qui fe com-mettent en noftredit Royaume, & ofter les occafions & racines d'iceux d'orefnavant commettre; Avons (pour à ce obvier) Dit, Statué & Ordonné, & par Edit perpetuel, Loy generale & irrevocable, de noftre propre mouvement, pleine puiffance & authorité Royale, Difons, Statuons, Voulons, Ordonnons & nous plaift, Que toute Femme qui fe trouvera deuëment atteinte & convaincuë d'avoir celé, couvert & occulté, tant fa groffeffe que fon en-fantement fans avoir declaré l'un ou l'autre, & avoir pris de l'un ou l'autre témoignage fuffifant, mefme de la vie ou mort de fon Enfant, lors de l'iffuë de fon ventre, & aprés fe trouve l'Enfant avoir efté privé, tant du faint Sacrement de Baptefme que fepulture publique & accoûtumée, foit telle Femme tenuë & reputée d'avoir homicidé fon Enfant, & pour reparation punie de mort & dernier fupplice, & de telle rigueur que la qualité particuliere du cas le meritera; afin que ce foit exemple à tous, & que cy-aprés n'y foit fait aucune doute ne difficulté.

De l'Imprimerie de F. MVGVET, Imprimeur & Libraire ordinaire du Roy, & de Monseigneur l'Archevefque de Paris, ruë de la Harpe, à l'Adoration des trois Roys.
Avec Privilege du Roy.

SECONDE MONITION.

IEAN BAPTISTE CHASSEBRAS, Docteur en Theologie de sa Maison de Sorbonne, Archiprestre & Curé de la Magdelaine, Vicaire general de Monseigneur l'Eminentissime Cardinal de Rets, Archeuesque de Paris : A tous fideles de ce Diocese Salut. LE Ministere qui nous est commis n'ayant pour but que de conduire les Ames au salut, nous auons esté touchez d'vne douleur tres-sensible lors que nous auons veu que par l'entreprise la plus extraordinaire dont on ait ouy parler dans l'Eglise de Iesus-Christ, On vouloit destruire ce qu'il auoit edifié par son sang, arrousé par ses larmes, & affermy par la perte d'vne vie divine dont le prix estoit inestimable. Car qui n'auroit gemy du plus profond de son cœur de voir vne des plus grandes Eglises du monde assuiettie à vne puissance illegitime, & à des personnes incapables de communiquer la mission qui est comme la vie de l'Eglise, & le lien sacré qui vnit le Ciel à la terre, & la creature à son Dieu. Mais ce qui nous affligea d'auantage ce fut qu'au moment que nous voulusmes remedier à ces desordres, retirer du naufrage l'Eglise de Paris qui en estoit menacée, & faire cesser l'estrange profanation des Sacremens, que ledeffaut d'vne conduite reguliere y a fait naistre, nous fusmes persecutez comme si c'eust esté vn crime de faire l'œuure de Dieu, & de nous employer au salut des Ames. Et quoy qu'en cela toutes les Loix divines & humaines eussent esté violées, & que nous eussions peu faire tomber sur les autheurs de ces violences les peines dont l'Eglise se sert pour punir les attentats de cette nature, nous ne voulusmes nous deffendre que par les larmes, & par les prieres : & nous creusmes que Dieu se seruiroit de nostre patience pour amollir les cœurs de ceux qui persecutoiët l'Eglise & ses Ministres : Pour cet effect nous fismes publier vne premiere MONITION, par laquelle nous les exhortions de se repentir de telles entreprises, & nous coniurions les fideles de faire vn puissant effort vers le Ciel pour en obtenir la conuersion de leurs cœurs, & la guerison de ce prodigieux aueuglement qui les faisoit esleuer contre Dieu & contre son Eglise. Mais tant s'en faut que nostre patience ait proffité de quelque chose, & que la moderation que nous auions apportée à nostre conduite ait aresté les poursuites que l'on faisoit contre l'ordre Episcopal & contre nous, elles n'ont seruy qu'à les irriter d'auantage pour continuer leurs violences. Ils en sont venus iusques à cette extremité de faire brusler par la main du Bureau la charitable & paternelle Monition que nous leur auions faite pour les retirer de leurs pechez, & les exciter à faire penitence. Et par ce que l'orgueil de ceux qui n'aiment pas Dieu va tousiours en croissant, ils ont confisqué les biens de celuy qui est dans l'Eglise de Paris le principal Oeconome & le distributeur des graces de Iesus-Christ, & banny du Royaume de France celuy qui les aduertissoit de ne pas sortir eux mesmes hors du Royaume visible du Fils de Dieu ; Sans considerer que sa charge d'Archiprestre & de Curé l'attache inseparablement à la conduite de sa Cure, & qu'il est encore obligé par vn droict divin & indispensable de resider comme Vicaire general dans le Diocese dont l'administration luy a esté commise par Monseigneur le Cardinal de Rets, duquel il n'eust peu refuser les ordres sans vne horrible desobeissance : Car comment l'eust-il peu faire apres que sa Sainteté, à laquelle il appartient de iuger des Causes maieures, l'a reconnu pour Archeuesque de Paris, en luy conferant le Pallium, qui est la plus esclatante marque de la Iurisdiction ? Comment eust-il ignoré son pouuoir apres que Monseigneur le Reuerendissime & Illustrissime Archeuesque d'Athenes, Nonce de sa Sainteté, a declaré tant de fois qu'il ne reconnoissoit d'autre puissance legitime dans l'Eglise de Paris que celle de Monseigneur l'Eminentissime Cardinal de Rets, & qu'il a charitablement aduerty ceux qui au preiudice de la Discipline Ecclesiastique ont volé la Moisson d'autruy, & donné les Ordres dans vne Eglise où ils n'auoient aucune Iurisdiction, qu'ils auoient encouru les peines portées par les saincts Canons ? Comment eust-il peu douter que la Mission qu'il receuoit de son Prelat n'eust esté legitime, puis que l'Eglise Romaine a renuoyé deuant luy, comme Archeuesque de Paris, ceux qui demandoient penitence pour auoir receu les Ordres dans son Diocese sans sa Mission ? En fin comment eust-il pû reuoquer en doute la puissance de celuy que Messeigneurs les Prelats de France, le Chapitre & le Clergé de Paris, ont reconnu par des Actes publics ? Ainsi nous ne pouuons passer pour criminels qu'on ne declare coupables de la mesme faute sa Sainteté, Monseigneur le Nonce, la Cour de Rome, les Prelats de France, le Chapitre & le Clergé de Paris. Et quoy que nostre Charactere & nostre Charge nous exempte assez de la Iurisdiction de ceux qui nous ont condamné, neaumoins nous eussions peu, s'il n'eust esté question que de l'interest de nostre personne, suiure l'exemple de plusieurs saincts Euesques qui ont cedé à la persecution : Mais s'agissant icy de l'interest de toute l'Eglise, nous leurs disons, auec le plus illustre des Apostres, & en vne pareille rencontre, Qu'ils iugent s'il est plus raisonnable d'obeir aux hommes qu'à Dieu. C'est donc en son nom que nous nous opposons publiquement aux pecheurs, & que nous leur voulons monstrer que ce n'est pas inutilement qu'il a mis entre les mains de l'Eglise & de ses Ministres la puissance de lier au Ciel & en terre. Aussi pourrions nous apres tant de tesmoignages publics de l'horreur qu'a l'Eglise des violences qui se sont commises, & qui se commettent tous les iours contre sa Discipline, à laquelle tous les Chrestiens sont assuiettis, denoncer tous leurs autheurs auec leurs complices à la saincte Eglise, & les declarer Anathemes, & priuez de sa Communion. Mais nous voulons encore essayer la douceur, & voir s'ils ne se lasseront point de continuer cette estrange persecution : C'est pourquoy nous les exhortons, ensemble leurs complices, & nous les admonestons pour la seconde fois, par cette seconde Monition, auant que de les liurer à Satan, qu'ils ayent à cesser les persecutions qu'ils excitent sous le nom de sa Maiesté, qui est trop iuste & trop pieuse pour prendre part à ce desordre, contre Monseigneur le Cardinal de Rets, Archeuesque de Paris, contre l'Ordre Episcopal, & contre nostre personne : Nous les coniurons par le nom de Chrestien qu'ils portent, de ne le plus scandaliser, de ne plus triompher des abaissemens de l'Eglise, & d'arrester les occasions qu'ils donnent aux heretiques de s'en esloigner par le mespris qu'eux mesmes en tesmoignent. En fin nous leur enioignons, s'ils se croient encore les enfans de l'Eglise, de faire vne penitence salutaire pour l'iniure qu'ils ont faite en nostre personne à toute la Religion Chrestienne, de peur que se rendans indignes par leur opiniastreté des prieres des fideles, & de la Communion des Saincts, ils n'attirent sur leurs testes les foudres espouuentables que la saincte Eglise fulmine contre ceux qu'elle declare les ennemis de Iesus-Christ, & les membres du Diable. Et afin que cette presente Monition soit notoire à tous, nous ordonnons qu'elle sera rendue publique, & affichée aux Portes de l'Eglise Metropolitaine, & autres de la Ville de Paris. Donné à Paris, le 17 Octobre, mil six cens cinquante cinq.

Signé, CHASSEBRAS.

Et plus bas,

Par mondit Sieur le Grand Vicaire,

GVILLODEAV.

MONITION.

IEAN BAPTISTE CHASSEBRAS, Docteur en Theologie de la Maison de Sorbonne, Archiprestre & Curé de la Magdelaine, Vicaire general de Monseigneur l'Eminentissime Cardinal de Rets, Archeuesque de Paris: A tous fideles de ce Diocese, Salut. Nous auions creu que les tesmoignages de respect & de deference que nous auions rendu à sa Maiesté en la personne du premier Ministre de sa Iustice deslors que nous auions esté chargez de la conduite du Diocese, & les asseurances que nous luy donnasmes de ne rien faire dans l'exercice de cette charge qui pust blesser en la moindre chose la fidelité que nous deuons au Roy & le bien de son seruice, auroient assez fait voir auec quelle pureté d'intention nous entrions dans ce ministere Ecclesiastique, & que nous n'auions point d'autre pensée que de nous employer au besoin des ames, & à soulager les consciences des troubles & des scrupules qu'auoit fait naistre auec raison l'vsurpation d'vne puissance sacrée & incommunicable que par vne mission legitime. Pour cet effect aussi tost que le Sieur Archiprestre & Curé de Sainct Seuerin, Docteur en Theologie de la Maison de Sorbonne, nostre collegue au Vicariat general eut receu le commandement d'aller trouuer sa Maiesté, l'exemple des Grands Vicaires generaux qu'on auoit chassez & bannis apres vn semblable commandement, nous fit resoudre à nous retirer par respect de nostre maison Curialle pour ne point receuoir vn pareil ordre, & n'abandonner point tous deux ensemble le soin d'vne des plus grandes Eglises du monde dont nous estions chargez de la part de Dieu, & que nous ne pouuions quitter en mesme temps sans blesser nostre conscience, & sans trahir les interests de Iesus-Christ & de son Eglise: Voyant d'ailleurs qu'il suffisoit pour rendre à sa Maiesté la deference que de tres-humbles sujets doiuent à ses ordres, en tout ce qui n'est point contraire aux ordres de Dieu, que l'vn de nous deux se rendist en Cour pour apprendre de sa Maiesté ce qu'elle desiroit de nostre seruice. Mais cette soumission n'a seruy qu'à faire voir que ceux qui par surprise auoient tiré ces ordres du Roy ont entrepris de ruiner tout l'ordre Episcopal, & d'aneantir la Iurisdiction spirituelle qui luy vient de droit diuin, & contre laquelle les hommes ne sçauroient entreprendre qu'en faisant la guerre à Dieu. Car ayant fermé toutes les auenuës audit Sieur Vicaire general nostre collegue vers sa Maiesté pour l'empescher de l'informer de l'estat de l'Eglise de Paris, & de luy faire nos iustes plaintes de l'oppression qu'on auoit commencé d'exercer contre elle, ils l'ont tenu prés de deux mois dans vne Ville frontiere sans luy faire sçauoir autre chose sinon qu'on ne vouloit pas qu'il fist sa charge, & qu'il obeist a son Archeuesque dans vne fonction purement spirituelle. On veit paroistre en mesme temps trois ou quatre mechans libelles dignes du mespris & de l'auersion de toutes les personnes d'honneur, de sçauoir, & de pieté, comme estant iniurieux à la dignité Episcopalle, honteux à l'Eglise, & remplis d'autant d'impostures contre l'honneur & l'innocence d'vn Cardinal & d'vn Archeuesque, que de maximes pernicieuses, heretiques, & schismatiques, contre l'autorité des Successeurs des Apostres. La main profane d'vn Iuge Laïque arracha par vn attentat sans exemple des Registres Ecclesiastiques la Commission de Vicaires generaux que nous auions receu de Monseigneur l'Eminentissime Cardinal Archeuesque de Paris, comme si cette violence eust esté capable d'arracher du cœur de cette Eglise l'obligation indispensable qu'elle a d'estre soumise à son Archeuesque, & de nous reconnoistre pour ses legitimes Grands Vicaires, & comme si elle eust peu nous lier les mains & nous degrader de nos fonctions. On a fait en suite des deffenses à tous les Curez de receuoir aucuns ordres de Monseigneur l'Eminentissime Cardinal de Rets, & d'y rendre aucune deference: Et comme si c'estoit vn crime à vn Euesque de faire des Reglemens spirituels pour la conduite du Diocese dont sa Sainteté & toute l'Eglise la reconnoissent pour le seul & legitime Pasteur, on a fait arracher auec vne violence inouïe les Mandemens qu'il auoit publiez: On a fait des perquisitions scandaleuses dans nos Maisons Curiales. On a visité tous nos papiers sans considerer qu'en la place que nous tenons, bien qu'indignes, nous pouuions en auoir qui regardoient des secrets de conscience. On a interrogé & examiné contre nous les Vicaires de nos Parroisses, & quoy que la calomnie la plus hardie ne nous ait peu reprocher d'auoir expedié aucuns actes qui pussent porter le moindre preiudice au seruice de sa Maiesté, ny donner le moindre soubçon de nostre conduite, on a decerné contre nostre personne des Decrets d'ajournement personnel, & de prise de corps: & par vn procedé qu'à peine l'on pourroit croire si vn million de personnes n'en auoient esté tesmoins, on nous a trompetez par les Carrefours, & mesme deuant le portail de l'Eglise de la Magdelaine, où nous annonçons la parole de Dieu & dispensons les mysteres de Iesus Christ, comme si nous eussions esté des criminels & des scelerats, que la Iustice seculiere poursuit à cry public, & qui meritent d'estre recherchez d'vne maniere si infamante. Apres toutes ces choses la patience deuiendroit lacheté, nostre silence seroit vne horrible preuarication, & nous serions indignes du ministere que nous exerçons si nous ne deffendions l'honneur de l'Eglise, de l'Episcopat, de nos Charges, & de nos personnes, par les voyes que Iesus-Christ luy mesme nous a prescrites: Et quoy que nous puissions d'abord nous seruir des remedes que les saincts Conciles, les Canons, & la coustume de la saincte Eglise oppose à des violences semblables, neantmoins pour pratiquer le tout poinct, & audela mesme de ce qu'on pourroit attendre apres vne si grande iniure, la mansuetude de l'Euangile qui nous oblige à supporter charitablement les pecheurs iusquà ce qu'ils se rendent incorrigibles, Nous exhortons ceux qui sous le nom sacré de sa Maiesté excitent vne si iniuste & si violente persecution contre l'Eglise & contre nos personnes, d'en faire vne reparation si publique qu'elle puisse attirer sur eux pour vn si grand crime la compassion du Ciel & l'intercession de l'Eglise. Leur declarant par cette premiere Monition que s'ils ne la font, & s'ils continuent à opprimer l'Eglise, à destruire sa Iurisdiction, & à persecuter ses Ministres, nous aurons recours aux voyes que la saincte Eglise & les Canons prescriuent en semblables occurrences. Et afin qu'il plaise à Dieu de benir cette premiere Monition que nous faisons dans l'esprit de charité, sans autre interest que de celuy de l'Eglise & de l'ordre Episcopal, apres auoir exhorté tous les fidelles du Diocese de Paris d'implorer la bonté diuine pour la conseruation de la personne sacrée de sa Maiesté, qui doit estre si precieuse à tout le Royaume, & pour la prosperité de ses iustes armes: Nous les exhortons de rechef & les coniurons par l'amour qu'ils doiuent à l'Eglise de flechir les genoux deuant le Pere des misericordes, & luy demander pour nous vne fermeté inesbranlable, & vne sage moderation, qui nous rendent esgallement fidelles à Dieu & au Roy: & pour ceux qui nous persecutent la conuersion de leur cœur, & le repentir sincere des grandes & atroces iniures qu'ils ont faites à l'Eglise de Dieu, à ce que cette premiere Monition ne leur soit pas inutile, & que nous ne soyons pas obligez d'en venir aux suites qu'elle doit produire selon la discipline de l'Eglise. Et afin que cette presente Monition soit notoire à tous, nous ordonnons qu'elle sera rendue publique, & affichée aux portes de l'Eglise metropolitaine, & autres de la Ville de Paris. Donné à Paris, le huictiesme Septembre mil six cens cinquante cinq.

Signé CHASSEBRAS.

Et plus bas.

Par mondit Sieur le Grand Vicaire.

GVILLODEAV.

MANDEMENT DE MONSEIGNEVR L'EMINEN-
TISSIME CARDINAL DE RETS, ARCHEVESQVE DE PARIS.

IEAN FRANCOIS PAVL DE GONDY, Par la grace de Dieu & du Sainct Siege Apostolique Cardinal de Rets, du Tiltre de Saincte Marie sur la Minerue, & Archeuesque de Paris: Aux venerables Doien, Chanoines, & Chapitre de nostre Eglise de Paris, & à tous Curez, Ecclesiastiques, & autres fideles de nostre Diocese, SALVT. Nous eussions souhaité de toute la passion de nostre cœur de pouuoir aussi bien rendre au troupeau qui nous est commis les soins que nous luy deuons, comme Dieu nous en a donné l'enuie, & a graué profondement le sentiment de cette obligation dans nostre ame: Mais les empeschemens qui sont cognus de tout le monde nous en ayant osté le pouuoir, à peine y auons nous estably des Grands Vicaires, sur la capacité desquels nous nous reposions de la conduite de nostre Diocese, que nous apprismes auec quelle violence ils en auoient esté arrachés, & comme si ce premier coup de foudre lancé contre l'Eglise n'auoit esté que pour l'esbranler, afin de l'abattre entierement, il en vint vn second qui contraignit le Chapitre de Paris au lieu de recourir à nous & au Sainct Siège, auquel il appartient de veiller sur toutes les Eglises, de s'emparer de nostre Iurisdiction, & par vn procedé qui n'a pas d'exemple dans l'Eglise de Dieu, & qui a esté vniuersellement condamné, de dépouiller son Archeuesque viuant & en liberté de ses fonctions, & de ce que IESVS-CHRIST a communiqué de plus precieux & de plus sainct à sa dignité. Et comme nostre esloignement & la persecution que l'on fait à nostre personne & à nostre Eglise ne nous dispensent pas des soins que nous luy deuons, & n'affoiblissent aucunement la charité que nous conseruons & conseruerons pour elle iusques à la mort, nous auons esté viuement touchés de son oppression, & quoy que nous eussions peû nous seruir des remedes que Dieu a mis entre nos mains, & repousser l'outrage qu'on luy faisoit par les voyes Canoniques, & par la force que l'Eglise emploie en des occasions semblables, nous auons mieux aimé souspirer vers le Ciel, implorer sa misericorde pour ceux qui nous persecutent, & le supplier dans l'amertume de nostre cœur de toucher ceux qui estoient les auteurs de ces desordres, afin qu'eux mesmes reparassent le tort qu'ils auoient fait. Mais nostre patience ayant esté inutile iusques icy, & plusieurs mois s'estant escoulés, en fin nous auons iustement apprehendé que nostre silence ne deuinst criminel, & qu'au lieu de guerir le mal il ne le fomentast. C'est pourquoy apres nous estre dépouillés de tout nostre interest pour nous reuestir de celuy de l'Eglise, & du salut des ames, apres auoir demandé à Dieu son Esprit & ses lumieres pour estre nostre guide, & pris l'aduis de personnes eminentes en doctrine & en pieté, nous nous sommes resolus d'establir dans nostre Diocese vn ordre qui puisse faire cesser les maux dont l'vsurpation de nostre autorité pourroit auoir esté cause. Et quoy que nous ayons suiet de croire que la pieté de sa Maiesté l'aura obligé de rapeller nos Grands Vicaires, & que nous ne doutions aucunement que le Chapitre de nostre Eglise n'ait esté bien aise d'apprendre nos intentions par la Lettre que nous luy auons escrite, pour sortir du mauuais pas où la violence l'auoit engagé, Neantmoins si nos esperances n'auoient pas encor eu tout l'effect que nous nous promettons, pour ne point exposer nostre Diocese aux malheurs où le defaut d'vne conduite legitime le pouroit precipiter, nous auons nommé les venerables Archiprestres & Curés de la Magdelaine & de Sainct Seuerin pour administrer sonbs nostre autorité nostre Diocese de Paris, & exercer les mesmes fonctions que nosdits Grands Vicaires eussent exercees si leur absence ne leur en eust osté le moyen. Nous voulons donc que tous les Curés, Prestres Seculiers & Reguliers, & autres fideles de nostre Diocese sçachent, Qu'ils ne se peuuent à l'aduenir soubmettre à d'autre puissance spirituelle que la nostre, Qu'elle est la seule, & legitime, approuuée de Dieu & de l'Eglise, & que ceux qui chercheront ailleurs que soubs nostre conduite & des personnes par nous commises la grace qui les sauue, n'y trouueront que leur condamnation; Que ceux qui prendront les Ordres sacrés se lieront plustost deuant Dieu & se rendront abominables, qu'ils ne se mettront en estat de délier les autres, & de les sanctifier; Que ceux ausquels on voudra communiquer le pouuoir d'absoudre ne le receuront aucunement, & tromperont malheureusement les ames qui prendront leur direction; Que les Dispenses données pour les mariages ne seront pas valables, ny les Professions Religieuses Canoniques: En fin, Que toute autre conduite que la nostre ne sera qu'vn horrible sacrilege, & qu'vne intrusion detestable. Mais nous esperons mieux, & croions qu'apres le desadueu que nous faisons si solennellement d'vne entreprise condamnée par la saincte Eglise Romaine, par les Conciles, par toutes les Vniuersités libres, par tous ceux qui ont l'amour de Dieu, & par nous à qui seul l'Eglise de Paris est commise, le Chapitre de nostre Metropolitaine dont nous auons cognu par le passé le zele pour l'Eglise & l'affection pour ses Prelats, obligera les autres par son exemple à recognoistre en la personne de nosdits Grands Vicaires les Archiprestres de la Magdelaine & de Sainct Seuerin nostre autorité, & que nos oüailles connoissant l'intention de leur seul & legitime Pasteur se garderont bien à l'aduenir de receuoir vne pasture qui leur seroit mortelle, & vne conduite infiniment preiudiciable au salut que nous leur souhaitons. Donné à Rome le 28. du mois de Iuin 1655.

Signé, I. F. PAVL DE GONDY, Cardinal de Rets, Archeuesque de Paris.

Et plus bas, Par Monseigneur, GAVLTRAY. Et scellé.

IEAN BAPTISTE CHASSEBRAS, Archiprestre & Curé de la Magdelaine, Docteur en Theologie de la Maison de Sorbonne, Grand Vicaire de Monseigneur l'eminentissime Cardinal de Rets, Archeuesque de Paris, A tous les Curés, Communautés, Maisons Religieuses, Monasteres, & tous Prestres & Ecclesiastiques de ce Diocese, SALVT. Ayant pleu à Monseigneur l'Emiuentissime Cardinal de Rets Archeuesque de Paris nous commettre l'administration de son Diocese durant l'absence de ses Grands Vicaires, nous auons creu qu'il estoit de nostre charge de ne point abandonner la conduite de son troupeau ainsi que feroit vn Pasteur mercenaire; Et de nostre conscience de ne point renoncer à la Iurisdiction qu'il nous a donnée, de peur d'encourir les censures que l'Eglise a fulminées contre les Ecclesiastiques & autres qui abandonnent soubs pretexte d'accusation leur Euesque deuant qu'il y ait contre luy vne Sentence Iuridique. Et puisque le Fils de Dieu nous aduertit de craindre plustost celuy qui tuë l'ame que ceux qui peuuent nuire au corps, i'apprehenderois pour cela de respondre deuant Dieu d'vne horrible desertion en quittant le Diocese qui seroit sans aucune forme de gouuernement fauté de Superieurs. C'est pourquoy ne croiant pas m'esloigner du respect que ie dois aux Magistrats, & de l'entiere obeissance que ie dois au Roy, en faisant executer pour le gouuernement de ce Diocese les ordres de Monseigneur le Cardinal de Rets, que toute l'Eglise recognoist pour Archeuesque de Paris, nous auons creu vous deuoir signifier sa volonté cy-dessus exprimée par ce present Mandement enuoyé de sa part, à ce que connoissans quelles sont ses intentions pour l'administration de l'Eglise de Paris, vous les receuiez auec le respect, & les executiez auec la soumission que vous deues aux ordres du seul & legitime Pasteur que Dieu a establi sur vos ames. Et afin que pleine foy soit adioustée aux presentes, nous les auons signées de nostre main. Donné à Paris le 28. du mois de Iuillet 1655. Ainsi signé, CHASSEBRAS.

www.ingramcontent.com/pod-product-compliance
Lightning Source LLC
LaVergne TN
LVHW010921180726
843502LV00010B/4239